5/98 21F

Walt

Le monde enchanté

La Belle et la Bête

Disney
HACHETTE ÉDITION

Avertissement au lecteur :
Dans le nom du personnage de Mrs Samovar,
il convient de prononcer Mrs [misiz].

Adaptation de l'image Van Gool-Lefèvre-Loiseaux
Conception de couverture Guy Gilbert
Raconté par Josette Gontier

Il était une fois, un jeune prince au cœur dur comme une pierre... Par une sombre nuit d'hiver, une vieille femme se présenta au château du prince.

« L'hospitalité, monseigneur ! supplia-t-elle. Acceptez cette rose en signe de remerciement...

– Passe ton chemin la vieille ! » ricana le prince.

Or la mendiante était une fée. Pour punir cet homme incapable d'aimer, elle le changea en une bête hideuse, et elle jeta un sort à tous ses serviteurs. Le sortilège serait levé si la Bête aimait et était aimée en retour, avant que ne tombe le dernier pétale de la rose. Sinon, il demeurerait un monstre à jamais.

Les années passèrent... A quelques lieues du château, dans un petit village, vivait une jeune fille, si gracieuse et si jolie qu'on l'appelait Belle, depuis son plus jeune âge.

Belle adorait lire. Lorsqu'elle passait dans la rue, plongée dans son livre, les villageois se moquaient gentiment d'elle mais elle ne les remarquait même pas. Pas plus qu'elle ne voyait Gaston, un jeune vaniteux qui s'était juré de l'épouser :

« Belle sera ma femme ! » clamait-il avec assurance à travers tout le village.

Un jour, en rentrant chez elle, Belle trouva son père, Maurice, penché sur une étrange machine.

« Je n'aurai jamais terminé à temps ! se lamentait-il.

– Courage, père ! Votre invention fera l'admiration de tous, j'en suis sûre ! »

Quelques jours plus tard, Maurice monta sur son cheval Philibert et s'en alla présenter son invention à la foire du canton. Un épais brouillard s'abattit bientôt sur la campagne... La nuit tomba, noire comme l'encre... A la croisée des chemins, Maurice hésita, tourna et tourna... il était perdu. Des hurlements déchiraient la nuit, les loups approchaient : terrifié, le cheval partit au galop, désarçonnant son cavalier.

Maurice se releva et prit ses jambes à son cou, les loups affamés à ses trousses. Il arriva épuisé devant un château et parvint à s'engouffrer dans l'entrée. Sauvé ! Guidé par des voix, il découvrit avec stupéfaction une horloge, un chandelier et même une théière qui parlaient !

« Asseyez-vous près du feu », lui proposa Lumière, le chandelier.

Comme il se reposait dans un fauteuil profond, une horrible bête surgit des ténèbres.

« Puisque tu as voulu voir la Bête, tonna le monstre, tu te repentiras de ton audace ! » Il traîna le pauvre Maurice dans un cachot.

Restée seule au village, Belle s'inquiétait. Son père aurait dû être de retour depuis longtemps déjà. Soudain, on frappa à la porte.

« Gaston, quelle surprise !

– Quelle chance tu as, Belle. Tu vas épouser le plus beau garçon du village ! Moi, bien sûr ! »

Belle fit un pas en arrière et ouvrit brusquement la porte pour lui échapper. Gaston trébucha et tomba tête la première dans la mare aux cochons sous l'œil moqueur des villageois.

Un bruit de sabots... Philibert revenait, seul. Belle n'hésita pas et sauta en selle. Philibert partit aussitôt au galop vers la demeure de la Bête.

Belle rentra dans le château apparemment désert. Parcourant d'interminables couloirs, elle parvint enfin devant la grille d'un cachot où son père était prisonnier :

« Père, enfin, je vous ai retrouvé ! »

Mais un grondement terrifiant la fit se retourner : la Bête l'avait découverte.

« Je vous en prie, implora Belle, délivrez mon père.

– Je le laisserai partir si vous promettez de rester avec moi pour toujours », rugit la Bête.

Le cœur brisé, Belle accepta.

« Ce château est le vôtre excepté l'aile ouest où vous ne devez aller », prévint la Bête avant de disparaître, laissant Belle en compagnie de ses serviteurs.

« Mademoiselle prendra bien une tasse de thé ?

– Voulez-vous cette robe de soie, cet habit de satin ? »

Belle leva les yeux. A travers ses larmes, elle distingua une théière, une armoire et un chandelier penchés vers elle. Elle fut tellement étonnée qu'elle en oublia son chagrin.

« A table ! » annonça soudain Big Ben, l'horloge. La musique entraîna alors les fourchettes dans un ballet endiablé, les assiettes, les pots dans une danse effrénée. Voici des années qu'aucun invité n'était venu égayer l'austère demeure...

La fête terminée, Belle décida de visiter le château. Poussée par la curiosité, elle faussa compagnie à ses nouveaux amis et se hasarda jusqu'à l'aile ouest.

Là, dans une salle encombrée de vieux meubles délabrés, resplendissait une merveilleuse rose sous un globe de verre. Belle allait la toucher quand retentit une voix derrière elle :

« Vous avez osé ! Dehors ! »

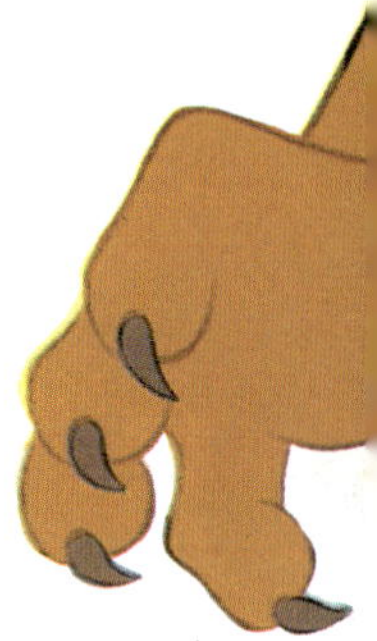

Terrorisée, Belle quitta la pièce et s'enfuit du château. Dehors, elle retrouva Philibert qui l'emporta au galop.

Dans la forêt, les loups affamés se ruèrent sur le cheval qui se cabra, précipitant Belle à terre. La malheureuse était à la merci de la meute déchaînée lorsque la Bête apparut. Le combat fut terrible : la Bête lutta, frappant avec férocité ; les loups bondissaient, s'accrochaient à son poitrail mais elle les assomma aussitôt de ses énormes pattes. L'un après l'autre, ils retombèrent dans la neige, inanimés.

Quand le silence revint, Belle se précipita. La Bête avait été blessée.

Belle hissa à grand-peine la Bête sur le dos de Philibert et la ramena au château. Elle la soigna si bien que la Bête recouvrit rapidement la santé. Elle ne lui faisait plus peur à présent. Chaque jour, ils apprenaient à mieux se connaître. Pourtant Belle était toujours triste :

« Qu'avez-vous, Belle ? Que désirez-vous ?

– Revoir mon père ! Ne serait-ce qu'un instant !

– C'est possible », dit la Bête en lui tendant son miroir magique.

Belle y vit son père qui la cherchait dans la forêt.

« Partez si vous le souhaitez, dit la Bête avec douceur.

Je vous confie le miroir ».

Belle fit ses adieux à la Bête et s'en alla.

Elle découvrit son père à moitié mort de froid, le ramena chez eux pour le soigner. Maurice était heureux de revoir sa chère fille :

« Belle, comme tu as dû souffrir, auprès de ce monstre ! Quand je pense que tu as fait tout cela pour moi !

– Mais non, Père ! La Bête n'est pas aussi terrible qu'elle n'y paraît ».

Un bruit de voix s'éleva dans la rue, et la porte s'ouvrit sur Gaston, accompagné des villageois.

« Sais-tu ce que raconte ton père, Belle ? Il prétend avoir rencontré une bête aussi horrible que cruelle dans un château enchanté ! Cette fois, je crois qu'il est fou à lier !

– Il dit la vérité, protesta Belle. Mais la Bête n'est pas une bête féroce. Regarde dans ce miroir magique, et tu la verras.

– Tuons ce monstre avant qu'il ne s'attaque au village ! hurla Gaston les yeux brillants de jalousie... Mort à la Bête ! ajouta-t-il en s'emparant du miroir.

– Mort à la Bête ! » reprit la foule.

Gaston et ses compagnons firent route vers le château. Quand la porte céda sous leurs coups de bélier, Lumière, le Fourneau, l'Armoire et leurs compagnons se défendirent avec ardeur. Fou de rage, Gaston découvrit la Bête dans une des tours et tenta de l'affronter en un combat singulier. Belle arriva bientôt. Dès qu'il la vit, la Bête la prit dans ses bras.

Gaston, qui était fourbe et perfide, en profita pour attaquer son rival par surprise : il leva son poignard et le lui planta dans le dos.

La Bête poussa un hurlement de douleur et se retourna vers Gaston. Terrifié, celui-ci recula, trébucha et bascula dans le vide.

« Ainsi, vous êtes revenue... haleta la Bête blessée à mort. J'ai pu vous revoir au moins une dernière fois...

– Je vous en prie, ne mourez pas ! implora Belle. Je vous aime ».

Alors, la rose perdit son dernier pétale, et la Bête se changea en un beau jeune homme.

Big Ben retrouva sa tenue de maître d'hôtel, Lumière sa livrée de valet de pied et Mrs Samovar son tablier de cuisinière.

Le château, jusqu'alors plongé dans la pénombre, s'illumina de mille feux, et une musique joyeuse retentit de toutes parts.

Le Prince entraîna Belle dans la salle de bal et ils se mirent à valser sous le regard attendri des serviteurs.

L'amour avait triomphé, le sortilège était enfin brisé.

Imprimé en France par CLERC S.A.
Dépôt légal n° 5957 - Décembre 1997
46.03.0812.05/1 - ISBN 2.23.000171.X
Loi n° 49-956 du 16 juillet 1949
sur les publications destinées à la jeunesse.